함께 고생한 딸
루나에게 감사드립니다

책을 집필할 수 있도록
다하를 봐주신 부모님과
어린이집 선생님들께 감사드립니다

5 나는 그 차를 출발하기를 원한다는?

I want to start the car.

a단모음=아   a장모음=에이   a장모음=애   e단모음=에   e장모음=이이   i단모음=이   i장모음=아이

5 우리는 그 파티를 시작하기를 원한다는?

한글의 'ㅇ'으로 시작하는 글자를 '모음'이라고 하며, a가 짧게 소리 날 때는 '아'로 소리 낸다.

We want to start the party.

ㅇ장모음=오우   ㅇ단모음=어   a/ㅇ장모음=어   u/oo=우   w이중모음=우+   j이중모음=이+   toV부사=~하기위해

1 '나는 원한다'는? (I want)
2 '가져간다'가 take면, '가져가는 것'은? (to take)
3 '나는 가져가기를 원한다'는? (I want to take)
4 '아기'가 baby면 '그 아기'는? (the baby)

5 나는 그 아기를 가져가기를 원한다는?

a에 강세가 있으면 길게 '에이'로 소리내기도 한다. 발음기호는 ei.

I want to take the baby.

   a단모음=아   a장모음=에이   a장모음=애   e단모음=에   e장모음=이이   i단모음=이   i장모음=아이

⁵ 그것은 그 게임으로 놀기를 원한다는?

아빠표 영어 구구단 3단에서 배운 것처럼, 'it'은 3인칭 단수니까 want가 아니라 wants를 써야 해.

1 '그들은 원한다'는? (They want)
2 '걸다'가 hang이면, '거는 것'은? (to hang)
3 '그들은 걸기를 원한다'는? (They want to hang)
4 '가방'이 bag이면, '그 가방들'은? (the bags)

5 그들은 그 가방들을 걸기를 원한다는?

a에 강세가 있을 때 '애'로 소리내기도 한다. 이때 입은 '아'를 소리 낼 때처럼 크게 벌린다. 발음기호는 æ.

They want to hang the bags.

   a단모음=아   a장모음=에이   a장모음=애   e단모음=에   e장모음=이이   i단모음=이   i장모음=아이

⁵ 그녀는 그 남자와 **결혼하기를** 원한다는?

a에 강세가 있을 때 '애'로 소리내기도 한다. 이때 입은 '아'를 소리 낼 때처럼 크게 벌린다. 발음기호는 æ.

She wants to marry the man.

o장모음=오우   o단모음=어   a/o장모음=어   u/oo=우   w이중모음=우+   j이중모음=이+   toV부사=~하기위해   9

1 '나는 원한다'는? (I want)
2 '돕다'가 help면, '돕는 것'은? (to help)
3 '나는 돕기를 원한다'는? (I want to help)
4 '친구'가 friend면, '나의 친구'는? (my friend)

⁵나는 나의 친구를 **돕기를** 원한다는?

e를 짧게 소리 날 때, '에'로 소리 낸다.

I want **to help** my friend.

 a단모음=아　　a장모음=에이　　a장모음=애　　e단모음=에　　e장모음=이이　　i단모음=이　　i장모음=아이

⁵ 그녀는 그 편지를 보내기를 원한다는?

She wants **to send** the letter.

1 '그녀는 원한다'는? (She wants)
2 '보다'가 see면, '보는 것'은? (to see)
3 '그녀는 보기를 원한다'는? (She wants to see)
4 '거리'가 street면, '그 거리'는? (the street)

5 그녀는 그 거리를 보기를 원한다는?

look/see: look은 눈을 향하는 행위를 말하고, see는 봐서 알게 되는 것을 말해. / **street/road:** road는 주로 차가 다니는 도로, street는 길거리를 말해.

e 뒤에 다른 모음(e, a, i, y)이 붙으면 '이이'로 길게 소리 낸다. 발음기호는 i:

She wants to see the street.

 a단모음=아　　　a장모음=에이　　　a장모음=애　　　e단모음=에　　　e장모음=이이　　　i단모음=이　　　i장모음=아이

⁵ 그는 그 열쇠를 **놓고 가기를** 원한다는?

e뒤에 다른 모음(e, a, i, y)이 붙으면 '이이'로 길게 소리 낸다. 발음기호는 i.

He wants to leave the key.

5 나는 그 도시를 고르기를 원한다는?

pick는 여러 선택지 중에서 하나를 고르는 것이고, 고르는 '행동'을 말하는 것이라면, choose는 자신이 '원하는' 것을 선택하는 것을 말해.

I want to pick the city.

5 그녀는 그 그림을 가져오기를 원한다는?

She wants **to bring** the picture.

1 '그들은 원한다'는? (They want)
2 '좋다한다'가 like면, '좋아하는 것'은? (to like)
3 '그들은 좋아하기를 원한다'는? (They want to like)
4 '시간'이 time이면, '그들의 (함께한) 시간'은? (the time)

5 그들은 그들의 시간을 **좋아하기를** 원한다는?

i가 길게 소리 날 때, '아이'로 소리 낸다. 발음기호는 ai.

They want to like their time.

 a단모음=아　　a장모음=에이　　a장모음=애　　e단모음=에　　e장모음=이이　　i단모음=이　　i장모음=아이

⁵그들은 한 아이디어를 **찾기를** 원한다는?

idea에서 i는 모음이기 때문에 'a'가 잘 안 들려서 'an' idea로 써.

1 '그는 원한다'는? (He wants)
2 '들고 있다'가 hold면, '들고 있는 것'은? (to hold)
3 '그는 들고 있기를 원한다'는? (He wants to hold)
4 '전화기'가 phone이면, '그 전화기'는? (the phone)

5 그는 그 전화기를 들고 있기를 원한다는?

영어에서 ph는 f로 발음해. 그래서 전화기는 poun이 아니라 foun으로 발음해.

o가 길게 소리 날 때 '오우'로 소리 낸다. 발음기호는 ou.

He wants **to hold** the phone.

 a단모음=야　　a장모음=에이　　a장모음=애　　e단모음=에　　e장모음=이이　　i단모음=이　　i장모음=아이

5 그는 그 배를 **보여주기를** 원한다는?

o가 길게 소리 날 때 '오우'로 소리 낸다. 발음기호는 ou. 길게 소리 날 때는 주로 강세가 있거나 뒤에 다른 모음이 붙은 경우가 많다.

He wants **to show** the boat.

o장모음=오우   o단모음=어   a/o장모음=어   u/oo=우   w이중모음=우+   j이중모음=이+   toV부사=~하기위해   19

5 그녀는 누군가를 사랑하기를 원한다는?

영어에서 셀 수 없는 명사를 제외하고 모든 명사에는 한정사(a, the, this, my, -s)가 붙어야 하는데, someone처럼 한정사(some)+대명사(one)로 된 단어에는 한정사를 쓰지 않아.

o가 짧게 소리 날 때, '어'로 소리 낸다. 사실상은 대부분의 모음이 약해지면 '어'로 소리 낸다. 발음기호는 ʌ, 또는 ə.

She wants to love someone.

 a단모음=아　　a장모음=에이　　a장모음=애　　e단모음=에　　e장모음=이이　　i단모음=이　　i장모음=아이

5 그는 그 돈을 보호하기를 원한다는?

o가 짧게 소리 날 때, '어'로 소리 낸다. 사실상은 대부분의 모음이 약해지면 '어'로 소리 낸다. 발음기호는 ʌ, 또는 ə.

1 '그녀는 원한다'는? (She wants)
2 '부르다'가 call이면, '부르는 것'은? (to call)
3 '그녀는 부르기를 원한다'는? (She wants to call)
4 '딸'이 daughter이면, '그녀의 딸'은? (her daughter)

⁵ 그녀는 그녀의 딸을 부르기를 원한다는?

a가 길게 소리 날 때 입을 '아'처럼 크게 벌리고 '어'를 소리 낸다. 발음기호는 ɔ.

She wants to call her daughter.

  a단모음=아　　a장모음=에이　　a장모음=애　　e단모음=에　　e장모음=이이　　i단모음=이　　i장모음=아이

⁵그녀는 그 사무실을 **제공하기를** 원한다는?

offer는 '어'(모음)로 소리 나기 때문에, '더 어피씨'로 소리 내면 '더(the)'가 잘 안 들릴 수 가 있어서, '디 어피씨'로 소리 내.

She wants **to offer** the office.

1 '그녀는 원한다'는? (She wants)
2 '당기다'가 pull이면, '당기는 것'은? (to pull)
3 '그녀는 당기기를 원한다'는? (She wants to pull)
4 '발'이 foot면, '그 발'은? (the foot)

5 그녀는 그 발을 **당기기를** 원한다는?

She wants **to pull** the foot.

  a단모음=아   a장모음=에이   a장모음=애   e단모음=에   e장모음=이이   l단모음=이   l장모음=아이

5 그것은 그 책을 선택하기를 원한다는?

pick는 여러 선택지 중에서 하나를 고르는 것이고, 고르는 '행동'을 말하는 것이라면, choose는 자신이 '원하는' 것을 선택하는 것을 말해.

oo는 '우'로 소리 낸다

It wants to choose the book.

1 '그는 원한다'는? (He wants)
2 '이기다'가 win이면, '이기는 것'은? (to win)
3 '그는 이기기를 원한다'는? (He wants to win)
4 '전쟁'이 war이면, '그 전쟁'은? (the war)

5 그는 그 전쟁을 이기기를 원한다는?

w는 '우'로 소리 내며, 뒤에 다른 모음이 붙어서 함께 소리 낸다.

He wants to win the war.

 a단모음=아　　　a장모음=에이　　　a장모음=애　　　e단모음=에　　　e장모음=이이　　　i단모음=이　　　i장모음=아이

⁵ 그녀는 그 마녀를 보기를 원한다는?

watch는 '눈으로 따라가면서' 보는 것을 말해.

She wants to watch the witch.

1 '필요하다'는 need야, '그녀는 필요하다'는? (She needs)
2 '사용하다'가 use면, '사용하는 것'은? (to use)
3 '그녀는 사용하기를 원한다'는? (She needs to use)
4 '컴퓨터'는 computer면, '그 컴퓨터'는? (the computer)

5 그녀는 그 컴퓨터를 사용하는 것이 필요하다는?

She needs to use the computer.

a단모음=아   a장모음=에이   a장모음=애   e단모음=에   e장모음=이이   i단모음=이   i장모음=아이

⁵그녀는 그 해를 **사용하는 것**이 필요하다는?

내용상은 문장 뒤에 '무엇을 위해' 그 해를 사용하는지 나오는 것이 자연스러워.

y로 시작하는 단어도 뒤에 다른 모음과 함께 소리 날 수 있다. 이때 y의 발음기호는 j. 알파벳 j는 발음기호에서 이중모음인 '이'를 의미한다.

She needs **to use** the year.

1 '봉투'가 envelope면, '그 봉투'는? (the envelope)
2 '나는 그 봉투를 원한다'는? (I want the envelope)
3 '보낸다'가 send면, '보내기 위해'는? (to send)
4 '편지'가 letter이면, '그 편지'는? (the letter) / '그 편지를 보내기 위해'는? (to send the letter)

⁵나는 그 봉투를 원한다 / 그 편지를 보내기 위해는?

'누가(I)-한다(want)-무엇을(the envelope)'이 끝나고 to부정사(to+행동)가 나오면 그 '행동을 하기 위해'를 의미해. / 봉투(envelope)는 모음(e)으로 시작하므로 the를 '디'로 발음해.

I want the envelope to send the letter.

a단모음=아   a장모음=에이   a장모음=애   e단모음=에   e장모음=이이   i단모음=이   i장모음=아이